Spanish-American Poetry

A DUAL-LANGUAGE ANTHOLOGY

Edited and Translated by

SEYMOUR RESNICK

DOVER PUBLICATIONS, INC.
Mineola, New York

Bibliographical Note

Spanish-American Poetry: A Dual-Language Anthology is a new revision, first published by Dover Publications, Inc., in 1996, of the work originally published by Harvey House, Irvington-on-Hudson, N.Y., in 1964 under the title *Spanish-American Poetry: A Bilingual Selection*. In the present edition, all translations not by Seymour Resnick in the original edition have been replaced by new translations by him, and he has made further changes in the text, as well as providing a new preface. The illustrations and index have been omitted, and the entire book recast and reset.

International Standard Book Number: 0-486-29380-7

Manufactured in the United States by Courier Corporation
29380705
www.doverpublications.com

Contents

Preface

This short volume may serve as a brief introduction to the rich field of Spanish-American poetry. It should appeal to the general reader with or without a knowledge of Spanish, and may at the same time be used as a useful supplementary text in secondary-school and college classes of Spanish at almost any level.

The forty selections chosen range from the time of the conquest and colonial period (represented by five poems), through the nineteenth century (fourteen poems) and the first half of the twentieth century (twenty-one poems). Since a prime consideration in choosing our poems was that they be popular favorites that have endured, the editor has not attempted to include poetry written during the past half-century. Brief background notes have been provided for each author represented.

Spanish-American Poetry: A Dual-Language Anthology has several pedagogical aims. Reading and recitation of poetry is an aid in developing good pronunciation. It is suggested that the poems be read aloud, and many are short enough for easy memorization. Here, one may note that most Spaniards and Spanish-Americans are fond of reciting poetry. Learning of vocabulary and grammatical constructions is facilitated by the English translations on facing pages. The translations allow the reader to enjoy the poems without the problem of translating.

For those who prefer to read the selections in order of difficulty rather than in chronological order, the following groupings may serve as a guide:

SIMPLE: El ombú; Llora, llora, urutaú; Versos sencillos; Sonatina; Canción de otoño en primavera; Triolet I; Triolet II; Alas rotas; Tonada; Meciendo; Cuadrados y ángulos; Hombre pequeñito.

AVERAGE: Hombres necios; Privilegios del pobre; Todo mi afecto; Los maderos de San Juan; Cobardía; Si eres bueno; Al amor; Balada de la loca fortuna; ¡Quién sabe!; La noche; Balada de la estrella; La hora; El fuerte lazo; Poema 20.

DIFFICULT: La Araucana: A su retrato; La victoria de Junín; Niágara; En boca del último Inca; Al partir; Martín Fierro; Plegaria a Dios; Nocturno a Rosario; Para entonces; Nocturno III; Tuércele el cuello al cisne.

The editor hopes that the reader may derive pleasure both from the poems themselves and from the translations and the notes.

ALONSO DE ERCILLA (1533–1594)

Alonso de Ercilla fue soldado-poeta que tomó parte en la guerra contra los fieros indios araucanos de Chile. Su gran poema épico La Araucana fue escrito en gran parte durante intervalos de calma en la batalla. Damos aquí la primera estrofa.

La Araucana

No las damas, amor, no gentilezas
de caballeros canto enamorados;
ni las muestras, regalos y ternezas
de amorosos afectos y cuidados;
mas el valor, los hechos, las proezas
de aquellos españoles esforzados,
que a la cerviz de Arauco, no domada,
pusieron duro yugo por la espada.

SOR JUANA INÉS DE LA CRUZ (1651–1695)

Sor Juana Inés de la Cruz fue una niña prodigio en el México colonial. Ingresó en un convento a la edad de dieciséis años y continuó su vasta lectura y la composición de sus propias obras hasta que se lo prohibieron sus superiores. Sus contemporáneos la llamaron la "décima musa" por su conocimiento enciclopédico y su exquisita poesía. Damos aquí las tres primeras estrofas de su graciosa poesía en defensa de las mujeres y su famoso soneto sobre su retrato.

Hombres necios

Hombres necios que acusáis
a la mujer sin razón,
sin ver que sois la ocasión
de lo mismo que culpáis:

Alonso de Ercilla was a soldier-poet who took part in the battle against the fierce Araucanian Indians of Chile. His great epic La Araucana *was largely written during lulls in the fighting. We give here the opening stanza.*

The Araucana

Not of ladies, love, pageantry
of enamored knights do I sing;
nor the display, gifts and tenderness
of loving affections and cares;
but the valor, the deeds, the prowess
of those valiant Spaniards
who upon the untamed neck of the Araucanian
with their sword placed their cruel yoke.

Sor (Sister) Juana Inés de la Cruz was a child prodigy in colonial Mexico. She entered a convent at the age of sixteen, and continued her vast reading and writing until forbidden to do so by her superiors. Her contemporaries called her the "Tenth Muse" because of her great knowledge and beautiful poetry. We give the first three stanzas of her witty poem in defense of women and her famous sonnet on her portrait.

Foolish Men

Foolish men, who do accuse
women without reason,
without seeing that you are the cause
of the very thing you blame:

Si con ansia sin igual
solicitáis su desdén,
¿por qué queréis que obren bien
si las incitáis al mal?

Combatís su resistencia
y luego, con gravedad,
decís que fue liviandad
lo que hizo la diligencia.

A su retrato

Este que ves, engaño colorido,
que, del arte ostentando los primores,
con falsos silogismos de colores
es cauteloso engaño del sentido;

este, en quien la lisonja ha pretendido
excusar de los años los horrores,
y venciendo del tiempo los rigores
triunfar de la vejez y del olvido,

es un vano artificio del cuidado,
es una flor al viento delicada,
es un resguardo inútil para el hado,

es una necia diligencia errada,
es un afán caduco y, bien mirado,
es cadáver, es polvo, es sombra, es nada.

JUAN DEL VALLE Y CAVIEDES (1652–1697)

Juan del Valle y Caviedes fue un tendero en la Lima colonial que sobresalió escribiendo versos humorísticos y satíricos sobre la sociedad de su día.

Privilegios del pobre

El pobre es tonto, si calla;
y si habla es un majadero;
si sabe, es un hablador;

If with ardor without compare
you woo them when they reject you,
why do you expect them to behave well
when you incite them to do wrong?

You break down their resistance,
and then gravely
you declare that it was levity on their part
what your persistence achieved.

To Her Portrait

This which you see, a colored deception,
which, showing the niceties of art,
with false arguments of colors
is a subtle deception of the senses;

this, in which flattery has attempted
to avoid the horrors of the years
and, by overcoming the ravages of time,
to triumph over old age and forgetfulness,

is a vain artifice of care,
is a delicate flower in the wind,
is a useless defense against fate,

is a foolish, erroneous effort,
is an enfeebled desire and, well considered,
is a corpse, is dust, is shade, is nothing.

---

*Juan del Valle y Caviedes was a shopkeeper in colonial Lima who excelled
in writing humorous and satirical verse about the society of his day.*

Privileges of the Poor

A poor man is a fool, if he keeps quiet;
if he talks, he is a bore;
if he is intelligent, he is a chatterer;

y si afable, es embustero;
si es cortés, entrometido;
cuando no sufre, soberbio;
cobarde, cuando es humilde;
y loco, cuando es resuelto;
si valiente, es temerario;
presumido, si es discreto;
adulador, si obedece;
y si se excusa, grosero;
si pretende, es atrevido;
si merece, es sin aprecio;
su nobleza es nada vista,
y su gala, sin aseo;
si trabaja, es codicioso,
y por el contrario extremo
un perdido si descansa...
¡Miren si son privilegios!

MARIANO MELGAR *(1791–1814)*

Mariano Melgar fue un joven brillante—profesor de matemáticas en la universidad—que se unió a las fuerzas revolucionarias de su nativo Perú, fue capturado por los españoles y fue ejecutado a la edad de 23 años. Muchas de sus poesías líricas están escritas en el estilo de la quejumbrosa canción de amor—yaraví—de los indios Aymará y Quechua. Damos un ejemplo de una de estas poesías.

Todo mi afecto

Todo mi afecto puse en una ingrata:
y ella inconstante me llegó a olvidar.
    Si así, si así se trata
    un afecto sincero,
    amor, amor no quiero,
    no quiero más amar.

and if he is affable, he is a hypocrite;
if he is polite, he is a meddler;
when he does not suffer, he is arrogant;
cowardly, when he is humble;
and he is stubborn, when he is determined;
if he is brave, he is rash;
presumptuous, if he is discreet;
a flatterer, if he obeys;
and if he excuses himself from doing something, he is rude;
if he has aspirations, he is insolent;
if he is deserving, he is without appreciation;
his nobility is not seen at all;
and his holiday clothing is not neat;
if he works, he is greedy,
and, at the other extreme,
he is a vagrant if he rests . . .
just see what fine privileges these are!

Mariano Melgar was a brilliant young man—a teacher of mathematics at the university—who joined the revolutionary forces in his native Peru, was captured by the Spaniards and executed at the age of 23. Many of his lyric poems are written in the style of the plaintive love song—yaraví—of the Aymará and Quechua Indians. We give an example of one of these poems.

All My Affection

All my affection I gave to an ungrateful one:
and she was fickle and forgot me.
            If in this way one treats
            a sincere affection,
            love I do not want,
            I do not want to love any more.

Juramos ser yo suyo y ella mía:
yo cumplí, y ella no se acordó más.
　　Mayor, mayor falsía
　　jamás hallar espero,
　　amor, amor no quiero,
　　no quiero más amar.

Mi gloria fue en un tiempo su firmeza;
y hoy su inconstancia vil me hace penar.
　　Fuera, fuera bajeza
　　que durara mi esmero,
　　amor, amor, no quiero,
　　no quiero más amar.

JOSÉ JOAQUÍN OLMEDO (1780–1847)

José Joaquín Olmedo de Ecuador celebró la victoria de Simón Bolívar sobre los españoles en la decisiva batalla de Junín con la gran oda clásica "La victoria de Junín." Damos aquí las dos primeras estrofas de este poema, que contiene más de 900 versos. Nótese el efecto onomatopoético del sonido de las erres múltiples en los primeros versos.

La victoria de Junín

El trueno horrendo que en fragor revienta
y sordo retumbando se dilata
por la inflamada esfera,
al Dios anuncia que en el cielo impera.

Y el rayo que en Junín rompe y ahuyenta
la hispana muchedumbre
que más feroz que nunca amenazaba
a sangre y fuego eterna servidumbre:
y el canto de victoria
que en ecos mil discurre ensordeciendo
el hondo valle y enriscada cumbre,
proclaman a Bolívar en la tierra
árbitro de la paz y de la guerra.

We swore that I would be hers and she mine:
I was true, but she did not long remember.
    A greater falsehood
    I never expect to find,
    love I do not want,
    I do not want to love any more.

Her constancy was at one time my glory;
and now her base fickleness causes me to grieve.
    It would be shameful
    for my attention to continue,
    love I do not want,
    I do not want to love any more.

José Joaquín Olmedo of Ecuador celebrated Simón Bolívar's victory over the Spaniards in the decisive battle of Junín with the great classic ode "La victoria de Junín." We give here the first two stanzas of this poem, which contains more than 900 lines. Note the onomatopoetic effect of the rolling r's in the opening lines.

The Victory of Junín

The horrendous thunder, which bursts with great noise
and, resounding dully, spreads
through the inflamed sky,
announces the God who reigns in the heavens.

And the flash which in Junín breaks and drives away
the Spanish horde
which fiercer than ever threatened
with blood and fire eternal slavery:
and the song of victory
which with a thousand echoes spreads, deafening
the deep valley and the craggy peak,
proclaim Bolívar on earth
arbiter of peace and war.

JOSÉ MARÍA HEREDIA *(1803-1839)*

José María Heredia pasó la mayor parte de su corta vida en el exilio por sus actividades anti-españolas en su nativa Cuba. Escogía a menudo como temas para sus odas los fenómenos de la naturaleza. La oda que damos aquí fue escrita por Heredia, que tenía entonces veinte años, cuando estaba desterrado en los Estados Unidos.

Niágara

Templad mi lira, dádmela, que siento
en mi alma estremecida y agitada
arder la inspiración. ¡Oh, cuánto tiempo
en tinieblas pasó, sin que mi frente
brillase con su luz...! Niágara undoso,
tu sublime terror sólo podría
tornarme el don divino, que ensañada
me robó del dolor la mano impía.

Torrente prodigioso, calma, calla
tu trueno aterrador: disipa un tanto
las tinieblas que en torno te circundan;
déjame contemplar tu faz serena,
y de entusiasmo ardiente mi alma llena.
Yo digno soy de contemplarte: siempre
lo común y mezquino desdeñando,
ansié por lo terrífico y sublime.
Al despeñarse el huracán furioso,
al retumbar sobre mi frente el rayo,
palpitando gocé: vi al Océano
azotado por austro proceloso
combatir mi bajel, y ante mis plantas
vórtice hirviendo abrir, y amé el peligro.
Mas del mar la fiereza
en mi alma no produjo
la profunda impresión que tu grandeza.

José María Heredia spent most of his short life in exile for anti-Spanish activities in his native Cuba. He often chose as themes for his odes the phenomena of nature. The ode given here was written when Heredia, then twenty years old, was in exile in the United States.

Niagara

Tune my lyre, give it to me, for I feel
in my trembling and agitated soul
inspiration glowing. Oh, how much time
did it pass in darkness, without my brow's
shining in its light . . . ! Undulating Niagara,
only your sublime terror could
restore to me the divine gift which, enraged,
the impious hand of grief took away from me.

Prodigious torrent, calm, still
your terrifying thunder: dissipate somewhat
the darkness which surrounds you;
let me contemplate your serene face,
and fill my soul with ardent enthusiasm.
I am worthy to look upon you; always
disdaining the commonplace and base,
I yearned for the awesome and sublime.
when the furious hurricane was unleashed,
when the thunderbolt burst upon my brow,
quivering I felt joy; I saw the ocean
lashed by the tempestuous south wind
strike my boat, and before my feet
a seething whirlpool open, and I loved the danger.
But the ferocity of the sea
did not produce in my soul
the profound impression that your grandeur does.

GERTRUDIS GÓMEZ DE AVELLANEDA
(1814–1873)

La poetisa sobresaliente de Cuba, Gertrudis Gómez de Avellaneda, dejó su amada isla en 1836 para ir a España con su familia. Mientras el buque salía del puerto de Santiago, ella compuso este soneto.

Al partir

¡Perla del mar! ¡Estrella de Occidente!
¡Hermosa Cuba! Tu brillante cielo
la noche cubre con su opaco velo
como cubre el dolor mi triste frente.

¡Voy a partir!... La chusma dilgente
para arrancarme del nativo suelo
las velas iza, y pronta a su desvelo
la brisa acude de tu zona ardiente.

¡Adiós, patria feliz, edén querido!
¡Doquier que el hado en su furor me impela,
tu dulce nombre halagará mi oído!

¡Adiós!... ¡Ya cruje la turgente vela...
el ancla alza... el buque, estremecido,
las olas corta y silencioso vuela!

Cuba's outstanding poetess, Gertrudis Gómez de Avellaneda, left her beloved island in 1836 to go to Spain with her family. As the ship was sailing from Santiago harbor, she composed this sonnet.

On Leaving

Pearl of the sea! Star of the West!
Beautiful Cuba! Your brilliant sky
covers the night with its opaque veil
as grief covers my sad brow.

I am going to leave! The diligent crew
to tear me away from my native land
hoists the sails and ready at their unfurling
the breeze comes forth from your warm clime.

Goodbye, happy fatherland, beloved Eden!
Wherever my fate in its fury propels me,
your sweet name will delight my ear!

Goodbye! . . . The swollen sail is already creaking . . .
the anchor is raised . . . the ship, shaking,
cuts through the waves and silently flies!

PLÁCIDO *(1809–1844)*

Plácido, seudónimo de Gabriel de la Concepción Valdés, un mulato, fue acusado de participar en una conspiración por un grupo de negros contra la población blanca de Cuba. Fue condenado a muerte y camino de su ejecución recitó la emocionante "Plegaria a Dios." Damos la primera y la última de sus seis estrofas.

Plegaria a Dios

Ser de inmensa bondad ¡Dios poderoso!
a vos acudo en mi dolor vehemente...
¡Extended vuestro brazo omnipotente,
rasgad de la calumnia el velo odioso;
y arrancad este sello ignominioso
con que el hombre manchar quiere mi frente!

· · · · ·

Mas si cuadra a tu Suma Omnipotencia
que yo perezca cual malvado impío,
y que los hombres mi cadáver frío
ultrajen con maligna complacencia...
suene tu voz, acabe mi existencia...
¡Cúmplase en mí tu voluntad, Dios mío!

JOSÉ EUSEBIO CARO *(1817–1853)*

José Eusebio Caro fue un joven sincero, activo en la política de Colombia. La poesía dada aquí ensalza el fuerte anhelo de muchos jefes indios por la libertad al extremo de escoger la muerte más bien que someterse a los conquistadores españoles.

En boca del último Inca

Ya de los blancos el cañón huyendo
hoy a la falda del Pichincha vine,
como el sol vago, como el sol ardiendo,
    ¡como el sol libre!

Plácido, pseudonym of Gabriel de la Concepción Valdés, a mulatto, was accused of participating in a plot by a group of blacks against the white population of Cuba. He was condemned to death and on his way to execution he recited the moving "Plegaria a Dios." We give the first and last of its six stanzas.

Prayer to God

Being of immense goodness! Powerful God!
I come to you in my overwhelming grief . . .
Extend your omnipotent arm,
tear away the odious veil of calumny;
and remove this ignominious stamp
with which man wishes to stain my brow!

· · · · ·

But if it suits your lofty Omnipotence
that I die as a wicked criminal,
and that men abuse my cold corpse
with hateful complacency . . .
let your voice ring out, let my existence end . . .
May your will be fulfilled in me, my Lord!

José Eusebio Caro was a sincere young man, active in Colombian politics. The poem given here extols the strong desire for liberty of many Indian chiefs, to the extreme of choosing death rather than submitting to the Spanish conquerors.

In the Mouth of the Last Inca

Already fleeing the cannon of the white men
today to the slope of Pichincha I came,
like the sun a wanderer, like the sun burning,
   like the sun free!

¡Padre Sol, oye! por el polvo yace
de Manco el trono; profanadas gimen
tus santas aras: yo te ensalzo solo,
    ¡solo, mas libre!

¡Padre Sol, oye! sobre mí la marca
de los esclavos señalar no quise
a las naciones; a matarme vengo,
    ¡a morir libre!

Hoy podrás verme desde el mar lejano,
cuando comiences en ocaso a hundirte,
sobre la cima del volcán tus himnos
    ¡cantando libre!

Mañana sólo, cuando ya de nuevo
por el Oriente tu corona brille,
tu primer rayo dorará mi tumba,
    ¡mi tumba libre!

Sobre ella el cóndor bajará del cielo;
sobre ella el cóndor que en las cumbres vive
pondrá sus huevos y armará su nido,
    ¡ignoto y libre!

LUIS L. DOMÍNGUEZ (1819–1898)

Luis L. Domínguez, historiador y diplomático, usa el ombú—*árbol típico de la vasta pampa argentina—como título de su poema patriótico de veinte estrofas sobre la Argentina. Damos aquí la primera estrofa, que saben de memoria casi todos los colegiales argentinos.*

El ombú

Cada comarca en la tierra
tiene un rasgo prominente:
el Brasil, su sol ardiente,
minas de plata, el Perú;
Montevideo, su cerro,
Buenos Aires—patria hermosa—
tiene su pampa grandiosa;
la Pampa tiene el Ombú.

Father Sun, listen! In the dust lies
the throne of Manco; profaned groan
your holy altars: I alone extol thee,
    alone, but free!

Father Sun, listen! On me the mark
of slave I would not show
to the nations: I come to slay myself,
    to die free!

Today you will be able to see me from the distant sea,
when you begin to set in the west,
on the top of the volcano singing your hymns,
    singing and free!

Only tomorrow, when again
from the east your crown shines
your first ray will gild my tomb,
    my tomb, but free!

Upon it the condor will come down from the sky;
upon it the condor which lives on the heights
will lay its eggs and build its nest,
    unknown and free!

Luis L. Domínguez, historian and diplomat, uses the ombú—*a tree typical of the vast Argentine pampas—as the title of his twenty-stanza patriotic poem about Argentina. We give here the first stanza, known by heart by almost every Argentine schoolboy.*

The Ombú

Each region on earth
has a prominent feature;
Brazil, its burning sun,
Peru, mines of silver;
Montevideo, its hill;
Buenos Aires—beautiful fatherland—
has the majestic pampas,
and the pampas have the ombú.

JOSÉ HERNÁNDEZ *(1834–1886)*

En la gran épica de la literatura argentina, Martín Fierro (1872), José Hernández refiere la trista historia de un gaucho que se vio obligado a convertirse en bandido a causa de la cruel injusticia de oficiales corrompidos. Tan popular fue este poema que una continuación, La vuelta de Martín Fierro, fue publicada siete años después. Damos aquí las dos primeras estrofas, en las cuales el gaucho introduce su cuento, y una estrofa hacia el final de la segunda parte del poema.

Martín Fierro

Aquí me pongo a cantar
al compás de la vihuela,
que el hombre que lo desvela
una pena extraordinaria,
como la ave solitaria
con el cantar se consuela.

Pido a los santos del cielo
que ayuden mi pensamiento:
les pido en este momento
que voy a cantar mi historia
me refresquen la memoria
y aclaren mi entendimiento.

    • • • •

Y si la vida me falta,
ténganlo todos por cierto
que el gaucho, hasta en el desierto,
sentirá en tal ocasión
tristeza en el corazón
al saber que yo estoy muerto.

In the great epic of Argentine literature, Martín Fierro *(1872), José Hernández recounts the sad story of a gaucho—a cowboy—who was forced to become an outlaw because of the cruel injustice of corrupt officials. So popular was this poem, that a continuation,* La vuelta de Martín Fierro *(The Return of Martín Fierro), was published seven years later. We give the first two stanzas, in which the gaucho introduces his tale, and one stanza toward the close of the second part of the poem.*

Martín Fierro

Here I begin to sing
to the beat of my guitar,
for the man who is kept awake
by an extraordinary sorrow
like a solitary bird
consoles himself in song.

I beg the saints in heaven
to help my thinking:
I beg them at this moment,
when I am going to sing my story,
to refresh my memory
and to illuminate my understanding.

    . . . . .

And if life fails me,
let all be certain
that the gaucho, even in the wilderness,
will feel on such occasion
sadness in his heart
on learning that I am dead.

CARLOS GUIDO Y SPANO (1827–1918)

En 1865 el dictador de Paraguay provocó una guerra contra sus gigantes vecinos, Argentina y Brasil. Paraguay fue aplastada y su población de varones fue diezmada. El poeta argentino, Carlos Guido y Spano, en el poema "Nenia," recuenta el triste lamento de una niña paraguaya que ha perdido a su familia y a su novio. En el estribillo que damos aquí, el urataú *es un pájaro paraguayo de dulce canto y el yatay es un tipo de palma. Nótese el tono doloroso hábilmente producido por el uso de las vocales velares o y u en el primer verso.*

Llora, llora, urutaú

Llora, llora, urutaú,
en las ramas del yatay;
ya no existe el Paraguay,
donde nací como tú.
Llora, llora, urutaú.

MANUEL ACUÑA (1849–1873)

Manuel Acuña, nacido en Saltillo, México, fue estudiante de medicina que se suicidó a la edad de 24 años. Su "Nocturno a Rosario" fue escrito poco antes de que se quitara la vida y puede ser relacionado—o quizás no—con su suicidio. Damos aquí la primera y la cuarta de las diez estrofas del poema.

Nocturno a Rosario

¡Pues bien! yo necesito
decirte que te adoro,
decirte que te quiero
con todo el corazón;
que es mucho lo que sufro,
que es mucho lo que lloro,
que ya no puedo tanto,

In 1865, Paraguay's dictator provoked a war with its giant neighbors, Argentina and Brazil. Paraguay was crushed and its male population decimated. The Argentine poet, Carlos Guido y Spano, in the poem "Nenia," records the sad lament of a Paraguayan girl who has lost her family and her sweetheart. In the refrain, which we give here, the urutaú is a Paraguayan bird of sweet song and the yatay is a type of palm tree. Note the mournful tone skillfully produced by the use of the back vowels o and u in the opening line.

Cry, O Cry, Urutaú

Cry, O cry, urutaú,
on the branch of the yatay;
no more exists our Paraguay,
where I was born the same as you.
Cry, O cry, urutaú.

Manuel Acuña, born in Saltillo, Mexico, was a medical student who committed suicide at the age of 24. His "Nocturno a Rosario" was written shortly before he took his life and may or may not be related to his suicide. We give the first and fourth of the poem's ten stanzas.

Nocturne to Rosario

Well then! I must
tell you that I adore you,
tell you that I love you
with all my heart,
that I suffer much,
that I cry much,
that I can endure it no more,

y al grito en que te imploro
te imploro y te hablo en nombre
de mi última ilusión.

. . . . .

Comprendo que tus besos
jamás han de ser míos,
comprendo que en tus ojos
no me he de ver jamás,
y te amo, y en mis locos
y ardientes desvaríos
bendigo tus desdenes,
adoro tus desvíos,
y en vez de amarte menos,
te quiero mucho más.

MANUEL GUTIÉRREZ NÁJERA (1859–1895)

*Se le considera a Manuel Gutiérrez Nájera de México como uno de los pre-
cursores del modernismo en la poesía hispanoamericana. Escribió excelentes
cuentos así como poesía. Su anhelo por una muerte temprana, expresado en
esta poesía, fue desgraciadamente realizado.*

Para entonces

Quiero morir cuando decline el día,
en alta mar y con la cara al cielo;
donde parezca un sueño la agonía,
y el alma, un ave que remonta el vuelo.

No escuchar en los últimos instantes,
ya con el cielo y con la mar a solas,
más voces ni plegarias sollozantes
que el majestuoso tumbo de las olas.

Morir cuando la luz triste retira
sus áureas redes de la onda verde,
y ser como ese sol que lento expira:
algo muy luminoso que se pierde.

and in the cry with which I implore you,
I implore you and I speak to you in the name
of my last illusion.

. . . . .

I understand that your kisses
will never be mine;
I understand that in your eyes
I shall never see myself;
and I love you, and in my mad
and feverish delirium
I bless your scorn,
I adore your rejection,
and instead of loving you less
I love you even more.

Manuel Gutiérrez Nájera of Mexico is regarded as one of the precursors of modernism in Spanish-American poetry. He wrote excellent short stories as well as poetry. His yearning for an early death, expressed in this poem, was unfortunately realized.

For That Time

I wish to die when day ends,
on the high seas with my face toward heaven,
where the agony may seem like a dream,
and the soul like a bird that soars in flight.

Not to hear in the last moments,
now alone with the sky and the sea,
other voices or sobbing prayers,
but only the majestic crashing of the waves.

To die when the sad light withdraws
its golden nets from the green waves,
and to be like that sun that is slowly expiring:
something very luminous that fades away.

Morir, y joven: antes que destruya
el tiempo aleve la gentil corona;
cuando la vida dice aún: "soy tuya,"
¡aunque sepamos bien que nos traiciona!

JOSÉ MARTÍ (1853–1895)

José Martí fue el líder intelectual de la revolución cubana hacia fines del siglo 19. Su muerte en 1895, tres años antes de que Cuba consiguiera su independencia, fue una catástrofe para su patria. Además de ser el héroe nacional de Cuba, Martí fue uno de sus mejores escritores así en prosa como en verso. Damos aquí la primera estrofa de sus "Versos sencillos," seguida de la poesía de dos estrofas que, según dicen, Martí envió a un amigo que le había traicionado a la policía española.

Versos sencillos

Yo soy un hombre sincero
de donde crece la palma,
y antes de morirme quiero
echar mis versos del alma.

   . . . . .

Cultivo una rosa blanca
en julio como en enero,
para el amigo sincero
que me da su mano franca.

Y para el cruel, que me arranca
el corazón con que vivo,
cardo ni ortiga cultivo;
cultivo la rosa blanca.

To die, still young, before
treacherous time destroys the graceful crown,
while life is still saying: "I am yours,"
although we know quite well that she is betraying us!

---

*José Martí was the intellectual leader of the Cuban revolution toward the
end of the nineteenth century. His death in 1895, three years before Cuba
achieved its independence, was a catastrophe for his country. In addition to
being the national hero of Cuba, Martí is one of its finest writers in both
prose and verse. We give the opening stanza of his "Versos sencillos," fol-
lowed by the two-stanza poem which Martí is said to have sent to a friend
who betrayed him to the Spanish police.*

Simple Verses

I am a sincere man
from where the palm tree grows,
and before I die I wish
to pour forth the verses from my soul.

. . . . .

I grow a white rose
in July as in January
for the sincere friend
who gives me his frank hand.

And for the cruel one who tears out
the heart with which I live,
neither thorn nor thistle do I grow;
I grow the white rose.

JOSÉ ASUNCIÓN SILVA *(1865–1896)*

José Asunción Silva fue el poeta más destacado de Colombia durante los primeros años del modernismo (empezando en 1888) y es considerado como uno de sus más importantes precursores. Deprimido a causa de una serie de desastres personales y financieros, Silva se suicidó a la edad de 31 años. "Los maderos de San Juan," la primera tercera parte del cual damos aquí, es una elaboración de un canto infantil. "Nocturno III," su obra maestra, fue escrito poco después de la muerte de su hermana.

Los maderos de San Juan

> …Y aserrín
> aserrán,
> los maderos
> de San Juan
> piden queso,
> piden pan;
> los de Roque,
> alfandoque;
> los de Rique,
> alfeñique;
> los de Trique,
> triquitrán.
> ¡Triqui, triqui, triqui, tran!
> ¡Triqui, triqui, triqui, tran!…

Y en las rodillas duras y firmes de la abuela
con movimiento rítmico se balancea el niño,
y entrambos agitados y trémulos están…
La abuela se sonríe con maternal cariño,
mas cruza por su espíritu como un temor extraño
por lo que en el futuro, de angustia y desengaño,
los días ignorados del nieto guardarán…

José Asunción Silva was Colombia's outstanding poet during the early years of modernism (beginning in 1888) and is regarded as one of its most important precursors. Depressed by a series of personal and financial disasters, Silva committed suicide at the age of 31. "Los maderos de San Juan," the first third of which we give, is an elaboration of a nursery rhyme. "Nocturno III," his masterpiece, was written shortly after the death of his sister.

The Wooden Figures of St. John

. . . And buzz,
buzz,
the wooden figures
of St. John
ask for cheese,
ask for bread;
those of Roque,
molasses candy;
those of Rique,
sugar candy;
those of Trique,
triquitrán.
Triqui, triqui, triqui, tran!
Triqui, triqui, triqui, tran! . . .

And on the hard, firm, knees of the grandmother
with a rhythmic movement the child swings,
and both are agitated and tremulous . . .
The grandmother smiles with maternal affection,
but there passes through her spirit a sort of strange fear
for whatever anguish and disillusion in the future
the unknown days of her grandson will have in store.

Nocturno III

Una noche,
una noche toda llena de murmullos, de perfumes y de músicas
de alas;
una noche
en que ardían en la sombra nupcial y húmeda las luciérnagas
fantásticas,
a mi lado lentamente, contra mí ceñida toda, muda y pálida,
como si un presentimiento de amarguras infinitas
hasta el más secreto fondo de las fibras te agitara,
por la senda florecida que atraviesa la llanura
caminabas;
y la luna llena
por los cielos azulosos, infinitos y profundos esparcía su luz
blanca;
y tu sombra
fina y lánguida,
y mi sombra,
por los rayos de la luna proyectadas,
sobre las arenas tristes
de la senda se juntaban;
y eran una,
y eran una,
y eran una sola sombra larga,
y eran una sola sombra larga,
y eran una sola sombra larga.

Esta noche
solo; el alma
llena de las infinitas amarguras y agonías de tu muerte,
separado de ti misma por el tiempo, por la tumba y la distancia,
por el infinito negro
donde nuestra voz no alcanza,
mudo y solo
por la senda caminaba...
Y se oían los ladridos de los perros a la luna,
a la luna pálida,
y el chirrido
de las ranas...

Nocturne III

One night,
a night filled to the brim with murmurs, perfumes and the music
of wings,
a night
in which there burned in the humid nuptial darkness the
fantastic fireflies,
slowly at my side, pressed close against me, silent and pale,
as if a presentiment of infinite bitterness
agitated the most secret depths of your being,
along the flowery path which crosses the plain,
you were walking
and the full moon
through the bluish, infinite and profound skies spread its white
light;
and your shadow,
delicate and languid,
and my shadow,
projected by the moonbeams,
on the sad sand
of the path united;
and were one,
and were one,
and were one long shadow,
and were one long shadow,
and were one long shadow.

Tonight
alone; my soul
filled with the infinite bitterness and agony of your death,
separated from you by time, by the tomb and distance,
by the infinite blackness
where our voices do not reach,
silent and alone
along the path I was walking . . .
And there was heard the barking of the dogs at the moon,
at the pale moon,
and the croaking
of the frogs . . .

Sentí frío. Era el frío que tenían en tu alcoba
tus mejillas y tus sienes y tus manos adoradas,
  entre las blancuras níveas
  de las mortuorias sábanas.
Era el frío del sepulcro, era el hielo de la muerte,
  era el frío de la nada.
  Y mi sombra,
por los rayos de la luna proyectada,
  iba sola,
  iba sola,
iba sola por la estepa solitaria;
  y tu sombra esbelta y ágil,
  fina y lánguida,
como en esa noche tibia de la muerta primavera,
como en esa noche llena de murmullos, de perfumes y de músicas
        de alas,
  se acercó y marchó con ella,
  se acercó y marchó con ella,
se acercó y marchó con ella...¡ Oh, las sombras enlazadas!
¡Oh, las sombras de los cuerpos que se juntan con las sombras
        de las almas!
¡Oh, las sombras que se buscan en las noches de tristezas y de
        lágrimas!

I felt cold. It was the cold which in your bedroom
your cheeks and your temples and your adored hands had
  between the snowy whiteness
  of the burial sheets.
It was the chill of the sepulchre, it was the ice of death,
  it was the cold of nothingness.
  And my shadow,
projected by the moonbeams,
  went alone,
  went alone,
went alone along the solitary plain;
  and your shadow slender and agile,
  delicate and languid,
as on that warm night of the dead spring,
as on that night filled with murmurs, perfumes and the music
            of wings,
  approached and walked with mine,
  approached and walked with mine,
approached and walked with mine . . . Oh, the entwined shadows!
Oh, the shadows of the bodies that unite with the shadows of
            the souls!
Oh, the shadows that seek one another in the nights of sorrows
            and tears!

RUBÉN DARÍO (1867–1916)

Rubén Darío nació en Nicaragua pero vivió mucho tiempo en Chile, Argentina y España. En 1888, Darío publicó un volumen de prosa y verso titulado Azul, *que se considera el comienzo del modernismo en la poesía hispanoamericana. Las innovaciones de Darío en lenguaje, tema y ritmo tuvieron una enorme influencia en ambos lados del Atlántico, y se le llama el "Príncipe de modernismo." Damos la primera estrofa de su "Sonatina," y las tres primeras y tres últimas estrofas de "Canción de otoño en primavera." Esta poesía ha sido calificada por algunos críticos como la mejor poesía lírica en español desde el Siglo de Oro (siglo diecisiete).*

Sonatina

La princesa está triste… ¿Qué tendrá la princesa?
Los suspiros se escapan de su boca de fresa,
que ha perdido la risa, que ha perdido el color.
La princesa está pálida en su silla de oro,
está mudo el teclado de su clave sonoro;
y en vaso olvidada se desmaya una flor.

Canción de otoño en primavera

¡Juventud, divino tesoro,
ya te vas para no volver!
¡Cuando quiero llorar, no lloro,
y a veces lloro sin querer!…

Plural ha sido la celeste
historia de mi corazón.
Era una dulce niña en este
mundo de duelo y aflicción.

Miraba como el alba pura;
sonreía como una flor.
Era su cabellera oscura
hecha de noche y de dolor.

•   •   •   •   •

Rubén Darío was born in Nicaragua but lived a great deal in Chile, Argentina and Spain. In 1888, Darío published a volume of prose and poetry entitled Azul which is taken as the beginning of modernism in Spanish-American poetry. Darío's innovations in language, theme and rhythm had an enormous influence on both sides of the Atlantic, and he is called the "Prince of Modernism." We give the first stanza of his "Sonatina," and the first three and last three stanzas of "Canción de otoño en primavera." The latter poem has been called by some critics the finest lyric poem in Spanish since the Golden Age (seventeenth century).

Sonatina

The princess is sad . . . What can be wrong with the princess?
Sighs escape from her strawberry lips
which have lost their laughter, which have lost their color.
The princess is pale on her chair of gold,
the keyboard of her sonorous harpsichord is silent;
and in a vase there droops a forgotten flower.

Autumn Song in Spring

Youth, divine treasure,
you are now leaving never to return!
When I want to cry, I do not cry,
and at times I cry without wanting to! . . .

Varied has been the heavenly
story of my heart.
She was a sweet child in this
world of grief and sorrow.

Her look was like the pure dawn;
she smiled like a flower.
Her long dark hair
was made of night and grief.
    •   •   •   •   •

En vano busqué a la princesa
que estaba triste de esperar.
La vida es dura. Amarga y pesa.
¡Ya no hay princesa que cantar!

Mas a pesar del tiempo terco
mi sed de amor no tiene fin;
con el cabello gris, me acerco
a los rosales del jardín...

¡Juventud, divino tesoro,
ya te vas para no volver!
¡Cuando quiero llorar, no lloro,
y a veces lloro sin querer!...

¡Mas es mía el Alba de oro!

AMADO NERVO (1870–1919)

Amado Nervo de México, amigo íntimo de Darío, fue en escritor prolífico en prosa y verso. Tenía ideales elevados y fe en la bondad de los hombres.

Cobardía

Pasó con su madre. ¡Qué rara belleza!
¡Qué rubios cabellos de trigo garzul!
¡Qué ritmo en el paso! ¡Qué innata realeza
de porte! ¡Qué formas bajo el fino tul!...

Pasó con su madre. Volvió la cabeza:
¡me clavó muy hondo su mirada azul!

Quedé como en éxtasis... Con febril premura
"¡Síguela!" gritaron cuerpo y alma al par.

Pero tuve miedo de amar con locura,
de abrir mis heridas, que suelen sangrar,
¡y no obstante toda mi sed de ternura,
cerrando los ojos, la dejé pasar!

In vain I looked for the princess
who was sad with waiting.
Life is hard. It embitters and depresses.
There no longer is a princess to sing of!

But despite the hard times
my thirst for love has no end;
with my gray hair I approach
the rosebushes of the garden . . .

Youth, divine treasure,
you are now leaving never to return!
When I want to cry, I do not cry,
And at times I cry without wanting to! . . .

But mine is the Golden Dawn!

---

*Amado Nervo of Mexico, a close friend of Darío, was a prolific writer in
prose and verse. He had lofty ideals and faith in the innate goodness of man.*

Cowardice

She passed by with her mother. What rare beauty!
What blond hair of light wheat color!
What rhythm in her step! What innate regal
bearing! What a beautiful figure under the fine tulle! . . .

She passed by with her mother. She turned her head:
she pierced me very deeply with her blue gaze!

I was as in an ecstasy . . . With feverish urgency
body and soul together cried, "Follow her!"

But I was afraid of loving madly,
of opening my wounds, which are wont to bleed,
and despite all my thirst for tenderness,
closing my eyes, I let her pass by!

Solidaridad

Alondra, ¡vamos a cantar!
Cascada, ¡vamos a saltar!
Riachuelo, ¡vamos a correr!
Diamante, ¡vamos a brillar!
Águila, ¡vamos a volar!
Aurora, ¡vamos a nacer!
  ¡A cantar!
  ¡A saltar!
  ¡A correr!
  ¡A brillar
  ¡A volar!
  ¡A nacer!

Si eres bueno

Si eres bueno, sabrás todas las cosas,
sin libros... y no habrá para tu espíritu
nada ilógico, nada injusto, nada
negro, en la vastedad del universo.

El problema insoluble de los fines
y las causas primeras,
que ha fatigado a la Filosofía,
será para ti diáfano y sencillo.

El mundo adquirirá para tu mente
una divina transparencia, un claro
sentido, y todo tú serás envuelto
en una inmensa paz.

Solidarity

Lark, let us sing!
Waterfall, let us leap!
Streamlet, let us run!
Diamond, let us shine!
Eagle, let us fly!
Dawn, let us be born!
     To sing!
     To leap!
     To run!
     To shine!
     To fly!
     To be born!

If You Are Good

If you are good, you will know all things
without books . . . and there will be for your spirit
nothing illogical, nothing unjust, nothing
black, in the vastness of the universe.

The unsolvable problem of the ends
and the primary causes,
which has perplexed philosophy,
will be for you clear and simple.

The world will acquire for your mind
a divine transparency, a clear
meaning, and your whole being will be enveloped
in an immense peace.

FRANCISCO ICAZA (1863–1925)

Francisco Icaza, quien pasó la mayor parte de su vida como diplomático en España, fue un distinguido crítico así como uno de los mejores poetas de México.

La canción del camino

Aunque voy por tierra extraña
solitario y peregrino,
no voy solo, me acompaña
mi canción en el camino.

Y si la noche está negra,
sus negruras ilumino;
canto, y mi canción alegra
la obscuridad del camino.

La fatiga no me importa
porque el báculo divino
de la canción, hace corta
la distancia del camino.

¡Ay, triste y desventurado
quien va solo y peregrino,
y no marcha acompañado
por la canción del camino!

MANUEL GONZÁLEZ PRADA (1848–1918)

Manuel González Prada fue iconoclasta en la política y poesía del Perú. Su poesía es frecuentemente satírica y humorística. González Prada escribió extensivamente en prosa igual que en verso.

Triolet I

Los bienes y las glorias de la vida
o nunca vienen o nos llegan tarde.
Lucen de cerca, pasan de corrida,

Francisco Icaza, who spent most of his life in Spain as a diplomat, was a distinguished critic as well as one of Mexico's finest poets.

The Song of the Road

Although I go through foreign lands
solitary and wandering,
I do not go alone, my song
accompanies me on the road.

And if the night is black,
I illuminate its blackness;
I sing and my song lights up
the darkness of the road.

Fatigue does not matter to me
because the divine staff
of the song makes short
the length of the road.

Alas, sad and unfortunate
is the one who goes alone and wandering,
and does not walk accompanied
by the song of the road!

Manuel González Prada was an iconoclast in Peruvian politics and poetry. His poetry is often satirical and witty. González Prada wrote extensively in prose as well as verse.

Triolet I

The pleasures and glories of life
either never come or come to us too late.
They shine close up, they pass fleetingly,

los bienes y las glorias de la vida.
¡Triste del hombre que en la edad florida
coger las flores del vivir aguarde!
Los bienes y las glorias de la vida
o nunca vienen o nos llegan tarde.

Triolet II

Algo me dicen tus ojos;
mas lo que dicen no sé.
Entre misterio y sonrojos,
algo me dicen tus ojos.
¿Vibran desdenes y enojos,
o hablan de amor y de fe?
Algo me dicen tus ojos;
mas lo que dicen no sé.

Al amor

Si eres un bien arrebatado al cielo,
¿por qué las dudas, el gemido, el llanto,
la desconfianza, el torcedor quebranto,
las turbias noches de febril desvelo?

Si eres un mal en el terrestre suelo,
¿por qué los goces, la sonrisa, el canto,
las esperanzas, el glorioso encanto,
las visiones de paz y de consuelo?

Si eres nieve, ¿por qué tus vivas llamas?
si eres llama, ¿por qué tu hielo inerte?
si eres sombra, ¿por qué la luz derramas?

¿Por qué la sombra, si eres luz querida?
si eres vida, ¿por qué me das la muerte?
si eres muerte, ¿por qué me das la vida?

the pleasures and the glories of life.
Sad is the man who in his best years
delays plucking the flowers of life!
The pleasures and the glories of life
either never come or come to us too late.

Triolet II

Your eyes are saying something to me;
but what they are saying, I do not know.
Twixt mystery and blushes,
your eyes are saying something to me.
Are they flashing scorn and anger,
or do they speak of love and faith?
Your eyes are saying something to me;
but what they are saying, I do not know.

To Love

If you are a gift snatched from heaven,
why the doubts, the moans, the tears,
the jealousy, the tormenting grief,
the troubled nights of feverish wakefulness?

If you are an evil from the terrestrial globe,
why the joys, the smiles, the songs,
the hopes, the glorious enchantment,
the visions of peace and consolation?

If you are snow, why your live flames?
If you are a flame, why your inert ice?
If you are a shadow, why do you spread light?

Why the shade, if you are beloved light?
If you are life, why do you give me death?
If you are death, why do you give me life?

FABIO FIALLO (1866–1942)

Fabio Fiallo fue diplomático, profesor y escritor dominicano. Su poesía se caracteriza a menudo por sentimentalismo y romanticismo.

Alas rotas

¿La cárcel?—Sí; muy triste,
como cualquier recinto
en donde tú, mi amada,
no estés siempre conmigo.

¿Que si a la oscura cárcel
vinieras?—Amor mío,
¡sólo el pensarlo cambia
mi celda en paraíso!

ENRIQUE GONZÁLEZ MARTÍNEZ (1871–1952)

Enrique González Martínez fue un poeta modernista de México que protestó contra los excesos del modernismo, sobretodo un estilo demasiado decorativo sin verdadera substancia. Su famoso soneto "Tuércele el cuello al cisne" (el gracioso cisne había sido escogido por Rubén Darío como símbolo del modernismo), escrito en 1911, señala su rebelión contra el modernismo.

Tuércele el cuello al cisne

Tuércele el cuello al cisne de engañoso plumaje
que da su nota blanca al azul de la fuente;
él pasea su gracia no más, pero no siente
el alma de las cosas ni la voz del paisaje.

Huye de toda forma y de todo lenguaje
que no vayan acordes con el ritmo latente
de la vida profunda... y adora intensamente
la vida, y que la vida comprenda tu homenaje.

Fabio Fiallo was a Dominican diplomat, professor and writer. His poetry is often characterized by sentimentality and romanticism.

Broken Wings

The prison?—yes; very sad,
as is any place
where you, my beloved,
are not always with me.

But if to the dark prison
you were to come?—My love,
only to think of it changes
my cell into a paradise!

Enrique González Martínez was a modernist poet of Mexico who protested against the excesses of modernism, especially an over-ornate style without real substance. His famous sonnet "Tuércele el cuello al cisne" (the graceful swan had been chosen by Rubén Darío as the symbol of modernism), written in 1911, signals his revolt against modernism.

Wring the Neck of the Swan

Wring the neck of the swan of deceitful plumage
who gives his white note to the blue of the fountain;
he merely parades his beauty, but does not feel
the soul of things nor the voice of the scene.

Flee all forms and all styles
that are not in accord with the latent rhythm
of profound life . . . and intensely adore
life, and may life understand your homage.

Mira el sapiente buho cómo tiende las alas
desde el Olimpo, deja el regazo de Palas
y posa en aquel árbol el vuelo taciturno...

Él no tiene la gracia del cisne, mas su inquieta
pupila que se clava en la sombra, interpreta
el misterioso libro del silencio nocturno.

Balada de la loca fortuna

Con el sol, el mar, el viento y la luna
voy a amasar una loca fortuna.

Con el sol haré monedas de oro
(al reverso, manchas; al anverso, luz)
para jugarlas a cara o a cruz.

Cerraré en botellas las aguas del mar,
con lindos marbetes y expresivas notas,
y he de venderlas con un cuentagotas
a todo el que quiera llorar.

Robador del viento, domaré sus giros,
y en las noches calladas y quietas,
para los amantes venderé suspiros,
y bellas canciones para los poetas...

En cuanto a la luna,
la guardo, por una
sabia precaución,
en la caja fuerte de mi corazón...

Con el sol, la luna, el viento y el mar,
¡qué loca fortuna voy a improvisar!

Look at how the wise owl spreads his wings
from Olympus, leaves Pallas' lap
and rests on that tree from his silent flight . . .

He does not have the grace of the swan, but his restless
eye, which pierces the darkness, interprets
the mysterious book of nocturnal silence.

Ballad of Mad Fortune

With the sun, the sea, the wind and the moon
I am going to amass a mad fortune.

With the sun I shall make gold coins
(on the reverse, dark; on the obverse, light)
to play heads or tails with them.

I shall enclose in bottles the waters of the sea,
with pretty labels and expressive signs,
and I'll sell them with an eyedropper
to anyone who wants to cry.

Robber of the wind, I shall tame its gusts,
and on silent and still nights,
I shall sell sighs for lovers,
and beautiful songs for poets . . .

As for the moon,
I shall keep it, as a
wise precaution,
in the strongbox of my heart . . .

With the sun, the moon, the wind and the sea,
what a mad fortune I am going to improvise!

JOSÉ SANTOS CHOCANO (1875–1924)

Al peruano José Santos Chocano le gustaba pensar en sí como el cantor de Hispanoamérica. En su famosa poesía "¡Quién sabe!" se identifica con el indio, cuya sangre corre en sus venas.

¡Quién sabe!

Indio que asomas a la puerta
de esa tu rústica mansión:
¿para mi sed no tienes agua?
¿para mi frío, cobertor?
¿parco maíz para mi hambre?
¿para mi sueño, mal rincón?
¿breve quietud para mi andanza?
　　　　—¡Quién sabe, señor!

Indio que labras con fatiga
tierras que de otros dueños son:
¿ignoras tú que deben tuyas
ser, por tu sangre y tu sudor?
¿ignoras tú que audaz codicia,
siglos atrás, te las quitó?
¿ignoras tú que eres el amo?
　　　　—¡Quién sabe, señor!

Indio de frente taciturna
y de pupilas sin fulgor:
¿qué pensamiento es el que escondes
en tu enigmática expresión?
¿qué es lo que buscas en tu vida?
¿qué es lo que imploras a tu Dios?
¿qué es lo que sueña tu silencio?
　　　　—¡Quién sabe, señor!

¡Oh raza antigua y misteriosa,
de impenetrable corazón,
que sin gozar ves la alegría
y sin sufrir ves el dolor:

The Peruvian José Santos Chocano liked to think of himself as the poet of Spanish America. In his well-known poem "¡Quién sabe!" he identifies with the Indian, whose blood flows in his veins.

Who Knows!

Indian who appears at the door
of that rustic dwelling of yours:
For my thirst have you no water?
For my cold, a quilt?
A little corn for my hunger?
For my sleepiness, a humble corner?
Brief rest for my wandering?
　　　　　　　"Who knows, señor!"

Indian who works with weariness
lands that belong to other owners:
Do you not know that yours they should
be, by your blood and sweat?
Do you not know that audacious avarice,
centuries ago, took them from you?
Do you not know that you are the master?
　　　　　　　"Who knows, señor!"

Indian with taciturn brow
and with lusterless eyes:
What thought do you hide
in your enigmatic expression?
What is it that you seek in your life?
What is it that you implore from your God?
What is it that your silence dreams?
　　　　　　　"Who knows, señor!"

Oh, ancient and mysterious race,
of impenetrable heart,
who without rejoicing sees the joy,
and without suffering sees the pain:

eres augusta como el Ande,
el Grande Océano y el Sol!
Ese tu gesto que parece
como de vil resignación
es de una sabia indiferencia
y de un orgullo sin rencor.

Corre en mis venas sangre tuya,
y, por tal sangre, si mi Dios
me interrogase qué prefiero
—cruz o laurel, espina o flor,
beso que apague mis suspiros
o hiel que colme mi canción—
responderíale dudando:
         —¡Quién sabe, señor!

LEOPOLDO LUGONES (1874–1938)

Leopoldo Lugones es quizás el mayor poeta argentino del siglo veinte. Bajo la influencia de su buen amigo, Rubén Darío, Lugones fue al principio un modernista brillante. Su poesía posterior es extremadamente variada así en materia como en forma poética. Damos aquí una de sus sencillas poesías populares.

Tonada

Las tres hermanas de mi alma
novio salen a buscar.
La mayor dice: yo quiero,
quiero un rey para reinar.
Esa fue la favorita,
favorita del sultán.

La segunda dice: yo
quiero un sabio de verdad,
que en juventud y hermosura
me sepa inmortalizar.
Esa casó con el mago
de la ínsula de cristal.

You are august like the Andes,
the Great Ocean and the Sun!
That expression of yours, which seems
like one of base resignation,
is one of wise indifference
and of pride without rancor.

Your blood runs in my veins,
and, because of such blood, if my God
should ask me what I prefer
—cross or laurel, thorn or flower,
a kiss to soothe my sighs
or bile to crown my song—
I would answer him hesitatingly:
                    "Who knows, señor!"

Leopoldo Lugones is perhaps the greatest Argentine poet of the twentieth century. Under the influence of his close friend, Rubén Darío, Lugones was at first a brilliant modernist. His later poetry is extremely varied in both subject matter and verse form. We give here one of his simple popular poems.

Song

Three dear sisters
go out to seek a lover.
The eldest says: I want,
I want a king in order to reign.
She became the favorite,
the favorite of the sultan.

The second says: I
want a true wise man,
who in youth and beauty
can immortalize me.
That one married the magician
of the isle of glass.

La pequeña nada dice,
sólo acierta a suspirar.
Ella es de las tres hermanas
la única que sabe amar.
No busca más que el amor,
y no lo puede encontrar.

GABRIELA MISTRAL (1889–1957)

Gabriela Mistral, nacida Lucila Godoy en Chile, representó su país en muchas partes del mundo, y es probablemente la más amada poetisa de la América española. Aunque ella misma no se casó nunca, muchas de sus poesías tratan de maternidad. Le fue otorgado el Premio Nobel de Literatura en 1945.

Meciendo

El mar sus millares de olas
mece, divino.
Oyendo a los mares amantes,
mezo a mi niño.

El viento errabundo en la noche
mece a los trigos.
Oyendo a los vientos amantes,
mezo a mi niño.

Dios Padre sus miles de mundos
mece sin ruido.
Sintiendo su mano en la sombra,
mezo a mi niño.

La noche

Por que duermas, hijo mío,
el ocaso no arde más:
no hay más brillo que el rocío,
más blancura que mi faz.

The youngest one says nothing,
she can do nothing but sigh.
Of the three sisters she
is the only one who knows how to love.
She seeks only love,
and she cannot find it.

Gabriela Mistral, born Lucila Godoy in Chile, represented her country in many parts of the world, and is probably the best loved poetess of Spanish America. Though she herself never married, many of her poems deal with motherhood. She was awarded the Nobel Prize for Literature in 1945.

Rocking

The sea its thousands of waves
divinely rocks.
Listening to the loving seas,
I rock my child.

The wind wandering in the night
rocks the fields of wheat.
Listening to the loving winds,
I rock my child.

God in Heaven His thousands of worlds
rocks without noise.
Feeling His hand in the dark,
I rock my child.

Night

So that you may sleep, my child,
the western sky no longer glows:
There is no other glitter than the dew,
no other whiteness than my face.

Por que duermas, hijo mío,
el camino enmudeció:
nadie gime sino el río;
nada existe sino yo.

Se anegó de niebla el llano.
Se encogió el suspiro azul.
Se ha posado como mano
sobre el mundo la quietud.

Yo no sólo fui meciendo
a mi niño en mi cantar:
a la Tierra iba durmiendo
al vaivén del acunar.

Balada de la estrella

—Estrella, estoy triste.
Tú dime si otra
como mi alma viste.
　—Hay otra más triste.

—Estoy sola, estrella.
Di a mi alma si existe
otra como ella.
　—Sí, dice la estrella.

—Contempla mi llanto.
Dime si otra lleva
de lágrimas manto.
　—En otra hay más llanto.

—Di quién es la triste,
di quién es la sola,
si la conociste.

—Soy yo, la que encanto,
soy yo la que tengo
mi luz hecha llanto.

So that you may sleep, my child,
the road has become still:
No one murmurs but the river;
nothing exists but I.

The plain has been enveloped in mist.
The blue violet has closed its petals.
Like a hand there now rests
over the world a peaceful quiet.

I was not cradling only
my child with my singing:
I was lulling the Earth to sleep
to the rhythm of the cradle swaying.

Ballad of the Star

"Star, I am sad.
Tell me if another
like my soul you have seen."
    "There is another sadder still."

"I am alone, star.
Tell my soul if there exists
another like her."
    "Yes," says the star.

"Look upon my weeping.
Tell me if another wears
a cloak of tears."
    "In another there is more weeping."

"Tell me who is the sad one,
tell me who is the lonely one,
if you have met her."

"It is I, the one who enchants,
it is I whose
light has turned to tears."

ALFONSINA STORNI (1892–1938)

Alfonsina Storni, la más destacada poetisa de Argentina, expresó a menudo en su poesía sus opiniones feministas. Una depresión y enfermedad la empujaron al suicidio en el mar en 1938.

Cuadrados y ángulos

Casas enfiladas, casas enfiladas,
casas enfiladas.
Cuadrados, cuadrados, cuadrados.
Casas enfiladas.
Las gentes ya tienen el alma cuadrada,
ideas en fila
y ángulo en la espalda.
Yo misma he vertido ayer una lágrima,
Dios mío, cuadrada.

Hombre pequeñito

Hombre pequeñito, hombre pequeñito,
suelta a tu canario que quiere volar...
yo soy el canario, hombre pequeñito,
déjame saltar.

Estuve en tu jaula, hombre pequeñito,
hombre pequeñito que jaula me das.
Digo pequeñito porque no me entiendes,
ni me entenderás.

Tampoco te entiendo, pero mientras tanto
ábreme la jaula, que quiero escapar;
hombre pequeñito, te amé media hora,
no me pidas más.

Alfonsina Storni, Argentina's outstanding poetess, often expressed her feminist views in her poetry. Depression and illness drove her to suicide in the sea in 1938.

Squares and Angles

Houses in a row, houses in a row,
houses in a row.
Squares, squares, squares.
Houses in a row.
People already have square souls,
ideas in a row,
and angles on their backs.
I myself shed a tear yesterday
which was—good heavens—square.

Dear Little Man

Dear little man, dear little man,
release your canary which wants to fly . . .
I am the canary, dear little man,
let me hop and jump.

I have been in your cage, dear little man,
dear little man who keeps me in a cage.
I call you "dear little" because you do not understand me,
nor will you understand me.

Neither do I understand you, but in the meantime,
open the cage for me, for I wish to escape;
dear little man, I loved you for half an hour,
don't ask me for more.

JUANA DE IBARBOUROU (1895-1979)

Juana de Ibarbourou de Uruguay ha sido honrada con el título de "Juana de América" por su excelente poesía. El amor es un tema frecuente de sus poesías. Damos la primera mitad de dos de sus poesías populares.

La hora

Tómame ahora que aún es temprano
y que llevo dalias nuevas en la mano.

Tómame ahora que aún es sombría
esta taciturna cabellera mía.

Ahora que tengo la carne olorosa,
y los ojos limpios y la piel de rosa.

Ahora que calza mi planta ligera
la sandalia viva de la primavera.

Ahora que en mis labios repica la risa
como una campana sacudida aprisa.

Después…, ¡ah, yo sé
que nada de eso más tarde tendré!

El fuerte lazo

Crecí
para ti.
Tálame. Mi acacia
implora a tus manos el golpe de gracia.

Florí
para ti.
Córtame. Mi lirio
al nacer dudaba ser flor o ser cirio.

Juana de Ibarbourou of Uruguay has been honored with the title of "Juana de América" for her excellent poetry. Love is the frequent theme of her poems. We give the first half of two of her popular poems.

The Hour

Take me now while it is still early
and I carry fresh dahlias in my hand.

Take me now while still is black
my taciturn head of hair.

Now while my flesh is fragrant,
and my eyes are clear and my skin is pink.

Now while my light foot wears
the lively sandal of springtime.

Now while laughter rings on my lips
like a bell that is shaken quickly.

Afterwards . . . ah, I know
that later I shall have nothing of this!

The Strong Bond

I grew
for you.
Fell me. My acacia
begs the *coup de grâce* at your hands.

I bloomed
for you.
Cut me. My lily
when it was born did not know if it was flower or wax.

Flui
para ti.
Bébeme. El cristal
envidia lo claro de mi manantial.

Alas di
por ti.
Cázame. Falena,
rodeo tu llama de impaciencia llena.

PABLO NERUDA (1904–1973)

Pablo Neruda de Chile es considerado por muchos críticos como el mayor poeta contemporáneo de Hispanoamérica. Fue también diplomático y representó a Chile en muchos países. Neruda recibió el Premio Nobel de Literatura in 1971. La mayoría de sus poemas tratan de temas de significación social. "Poema 20," la primera tercera parte del cual se ofrece aquí, es de una colección temprana.

Poema 20

Puedo escribir los versos más tristes esta noche.

Escribir, por ejemplo: "La noche está estrellada,
y tiritan, azules, los astros, a lo lejos."

El viento de la noche gira en el cielo y canta.

Puedo escribir los versos más tristes esta noche.
Yo la quise, y a veces ella también me quiso.

En las noches como éste la tuve entre mis brazos.
La besé tantas veces bajo el cielo infinito.

Ella me quiso, a veces yo también la quería.
¡Cómo no haber amado sus grandes ojos fijos!

Puedo escribir los versos más tristes esta noche.
Pensar que no la tengo. Sentir que la he perdido.

I flowed
for you.
Drink me. The stream
envies the clearness of my spring.

I grew wings
for you.
Hunt me. Like a moth,
filled with impatience I circle your flame.

Pablo Neruda of Chile is considered by many critics to be Spanish America's greatest contemporary poet. He was also a diplomat and represented Chile in many countries. Neruda received the Nobel Prize for Literature in 1971. The majority of his poems deal with themes of social significance. "Poema 20," the first third of which is given here, is from an early collection.

Poem 20

I can write the saddest verses tonight.

I can write, for example: "The night is full of stars,
And they twinkle, blue, in the distance."

The night wind blows in the sky and sings.

I can write the saddest verses tonight.
I loved her, and at times she loved me too.

On nights like this I held her in my arms.
I kissed her so many times under the infinite sky.

She loved me, and at times I loved her too.
How could I not have loved her big, still eyes!

I can write the saddest verses tonight.
To think that I do not have her. To feel that I have lost her.